世界五千年
科技故事丛书

卢嘉锡题

世界五千年科技故事丛书

一贫如洗的科学家

拉马克的故事

丛书主编　管成学　赵骥民

编著　张雨海　朱丽娟

吉林出版集团 | 吉林科学技术出版社

图书在版编目（CIP）数据

一贫如洗的科学家：拉马克的故事 / 管成学，赵骥民主编.
-- 长春：吉林科学技术出版社，2012.10（2022.1 重印）
ISBN 978-7-5384-6100-8

Ⅰ.① 一… Ⅱ.① 管… ② 赵… Ⅲ.① 拉马克，J.B.（1744～1829）
一生平事迹一通俗读物 Ⅳ.① K835.656.1-49

中国版本图书馆CIP数据核字（2012）第156243号

一贫如洗的科学家：拉马克的故事

主　　编　管成学　赵骥民
出 版 人　宛　霞
选题策划　张瑛琳
责任编辑　朱　萌
封面设计　新华智品
制　　版　长春美印图文设计有限公司
开　　本　640mm×960mm　1 / 16
字　　数　100千字
印　　张　7.5
版　　次　2012年10月第1版
印　　次　2022年1月第4次印刷

出　　版　吉林出版集团
　　　　　吉林科学技术出版社
发　　行　吉林科学技术出版社
地　　址　长春市净月区福祉大路 5788 号
邮　　编　130118
发行部电话 / 传真　0431-81629529　81629530　81629531
　　　　　　　　　　81629532　81629533　81629534
储运部电话　0431-86059116
编辑部电话　0431-81629518
网　　址　www.jlstp.net
印　　刷　北京一鑫印务有限责任公司

书　　号　ISBN 978-7-5384-6100-8
定　　价　33.00元
如有印装质量问题可寄出版社调换

序 言

十一届全国人大副委员长、中国科学院前院长、两院院士

（签名）

放眼21世纪，科学技术将以无法想象的速度迅猛发展，知识经济将全面崛起，国际竞争与合作将出现前所未有的激烈和广泛局面。在严峻的挑战面前，中华民族靠什么屹立于世界民族之林？靠人才，靠德、智、体、能、美全面发展的一代新人。今天的中小学生届时将要肩负起民族强盛的历史使命。为此，我们的知识界、出版界都应责无旁贷地多为他们提供丰富的精神养料。现在，一套大型的向广大青少年传播世界科学技术史知识的科普读物《世

界五千年科技故事丛书》出版面世了。

由中国科学院自然科学研究所、清华大学科技史暨古文献研究所、中国中医研究院医史文献研究所和温州师范学院、吉林省科普作家协会的同志们共同撰写的这套丛书，以世界五千年科学技术史为经，以各时代杰出的科技精英的科技创新活动作纬，勾画了世界科技发展的生动图景。作者着力于科学性与可读性相结合，思想性与趣味性相结合，历史性与时代性相结合，通过故事来讲述科学发现的真实历史条件和科学工作的艰苦性。本书中介绍了科学家们独立思考、敢于怀疑、勇于创新、百折不挠、求真务实的科学精神和他们在工作生活中宝贵的协作、友爱、宽容的人文精神。使青少年读者从科学家的故事中感受科学大师们的智慧、科学的思维方法和实验方法，受到有益的思想启迪。从有关人类重大科技活动的故事中，引起对人类社会发展重大问题的密切关注，全面地理解科学，树立正确的科学观，在知识经济时代理智地对待科学、对待社会、对待人生。阅读这套丛书是对课本的很好补充，是进行素质教育的理想读物。

读史使人明智。在历史的长河中，中华民族曾经创造了灿烂的科技文明，明代以前我国的科技一直处于世界领先地位，涌现出张衡、张仲景、祖冲之、僧一行、沈括、郭守敬、李时珍、徐光启、宋应星这样一批具有世界影响的科学家，而在近现代，中国具有世界级影响的科学家并不多，与我们这个有着13亿人口的泱泱大国并不相称，与世界先进科技水平相比较，在总体上我国的科技水平还存在着较大差距。当今世界各国都把科学技术视为推动社会发展的巨大动力，把培养科技创新人才当做提高创新能力的战略方针。我国也不失时机地确立了科技兴国战略，确立了全面实施素质教育，提高全民素质，培养适应21世纪需要的创新人才的战略决策。党的十六大又提出要形成全民学习、终身学习的学习型社会，形成比较完善的科技和文化创新体系。要全面建设小康社会，加快推进社会主义现代化建设，我们需要一代具有创新精神的人才，需要更多更伟大的科学家和工程技术人才。我真诚地希望这套丛书能激发青少年爱祖国、爱科学的热情，树立起献身科技事业的信念，努力拼搏，勇攀高峰，争当新世纪的优秀科技创新人才。

目 录

蒙脱派纳斯公墓的黄昏

二月，是法国一年中最寒冷的日子。

法国，这个国土呈等边六边形的国家，它与赤道的距离和与北极的距离相等，并恰好在它们中间。受大西洋、欧洲大陆、地中海的气候影响，使这片国土冬天不怎么冷，夏天也不怎么热，比较适宜人生活。

首都巴黎，地处巴黎盆地，气候当然大体是宜人的。

不过，也并不是没有寒冷的时候。

这是因为，来自中国内地的、海上的各种风都在这块六边形的土地上交会，这便形成了冷暖交替的季节。人们给那些冻坏庄稼与林木的寒风，将雪融化的暖风或带来雨水的和风都起了不同的名字。有一种风叫"密斯特拉"风，它寒冷、猛烈，是一种十分可怕的风，一刮起来，就几天不停。

公元1830年2月，"密斯特拉"风吹得比往年厉害。它在巴黎盆地盘旋，钻进巴黎市区的大街小巷，它横扫城郊的树林和沼泽地。在巴黎蒙脱派纳斯公墓，起伏的坟墓阻碍了风呼啸的脚步，放慢了风飞驰的速度。风，在坟场里回旋着，不时卷起地上的落叶。坟场里的荒草已经枯黄了，倒伏了，只有那些野蒿和洼地的芦苇还挺立着。几棵高大的老树，叶子已经全部落光了，只剩下光秃秃的枝丫在寒风中瑟瑟发抖。它们那满是皱纹的干裂了的树皮，就像是久经风霜折磨的老人的面孔。

在荒凉的坟场上，有个角落，添了一座新坟。黑褐色的坟，在一片黄色的枯草中显得很孤单。突然，几声风的呜咽，坟旁的芦苇发出呻吟。长眠在这里的孤苦老人，就是法国杰出的生物学家、进化论的先驱——琪恩·巴蒂斯特·拉马克（Ramark Jean Baptistede）。

安睡在这里的孤寂的老人啊，莫非你觉得这一年巴黎的冬天比往年要冷！

是的，今年的风比往年厉害，冬天比往年冷，冷得令老人无法安眠，可更使老人不能瞑目的是，担心他所草创的学说的命运。此时，他的朋友圣希雷尔正在用他的进化理论与宗教神学进行着一次激烈的交锋。

这一天，时近黄昏，一个人走进了蒙脱派纳斯公墓。夕阳像是用鲜血染成，凝固在天边，把这个人的身影拉得很长、很长。这个人，就是法国另一位杰出的生物学兼矿物学家、拉马克的好朋友圣希雷尔。今天，看望拉马克来了。他来是要告诉拉马克，法国科学院里正在进行着一场关系着进化理论生死命运的大辩论，辩论是由他——圣希雷尔首先挑起的。

从1829年12月18日到现在，拉马克已经离开人间有两个月了。这两个月来，圣希雷尔是一直在不平和愤慨之中度过的。他为拉马克所受到的不公正对待而不平和愤慨，他认为拉马克的学说是正确的，而来自四面八方的指责都是毫无道理的。他决心捍卫拉马克的学说。就在今年2月15日，在科学院的会议上，他宣读了两个学生的论文。论文论证了乌贼和狗的躯体构造是相同的，说明软体动物也是复杂的脊椎动物。他认为这正能说明拉马克关于生物不断由低级向高级发展，一种生物类型能逐渐转化为另一种生物类型的进化论观点。辩论开始，反对进化理论，维护宗教神学的法国生物学权威君维叶针锋相对，立刻迎战。巴黎的人们也自动聚集在科学院的大厅，目睹双方的交锋。报纸上也发表大量文章，一时间法国议论纷纷，震动了欧洲各国的科学界。

君维叶真是能言善辩，并且，他所提出的解剖事实，的确是很精细和周密的。当然，圣希雷尔毫不怀疑进化理论的正确性，但是猛然间，他觉得用来论证乌贼和狗的躯体构造一致的材料仿佛还不充分，从而，用它来证明进化理论也就没有力量。他担心在辩论中会犯"论据不能推出论点"的错误。

"如果……"

圣希雷尔坐在拉马克墓前，陷入了沉思。他抬眼望去，夕阳越来越红了，坟场的芦苇，被染着一层黄色。圣希雷尔突然间忆起了拉马克给他讲过的一个故事。

故事说的是很久很久以前，在一个很远很远的地方，一位老酋长正病危。

他叫人找来了村里最优秀的三个年轻人，对他们说："我到了离开你们的时候了，我请你们为我做最后一件事。你们三个都是身强体壮而又智慧过人的好孩子，现在，请你们尽可能地去攀登那座我们一向奉为神圣的大山。你们要尽最大努力爬到大山最高的地方，然后，回来告诉我你们的见闻。"

三天后，第一个年轻人回来了，他笑生双靥，衣履整洁：

"酋长，我到达山顶了，我看到繁花夹道，流泉淙淙，鸟鸣嘤嘤，那地方真不坏啊！"

老酋长笑了笑说：

"孩子，那条路我当年也走过，你说的鸟语花香的地方不是山顶，而是山麓。你回去吧！"

一周以后，第二个年轻人也回来了，他神情疲倦，满脸风霜：

"酋长，我到达山顶了。我看到高大肃穆的松树林，我看到秃鹰盘旋，那是一个好地方。"

"可惜啊！孩子，那不是山顶，是山腰。不过，也难为你了，你回去吧！"

一个月过去了，早该回来了，大家都开始为第三位年轻人的安危担心。忽然，他一步一蹭，衣不蔽体地回来了。他发枯唇燥，疲惫不堪，只是眼神清炯，焕发着胜利的光彩。

"酋长，我终于到达山顶。但是，我该怎么说呢？那里只有高风呼啸，蓝天四垂。"

"你难道在那里别无所见吗？难道连蝴蝶也没有一只吗？"

"是的，酋长，高处别无所有。你所能看到的，只有你自己，只有个人处于天地间的渺小和孤寂，只能想起千古英雄的悲激心情。"

"孩子，你到的真是山顶。祝福你。"

是啊！真正到达山顶的英雄遇到的是什么呢？他遇到的是漫漫的长途，是全身的伤痕，是愈来愈浓的渺小和孤寂感，是高处的一无所有。

拉马克不就是这样的人吗？这个被称为法国的林奈的人，是欧洲知名的科学家，却一生贫穷、一无所有、形单影只地进行着科学探索。

可是，人们啊！你们为什么不承认这位登上了真的山顶的英雄呢！

暮色苍茫，圣希雷尔走了。

一阵晚风吹过，发出沙沙声，仿佛是拉马克的灵魂在呼唤。

青春梦幻

　　清晨，一场飘飘洒洒的春雨刚住，一抹朝阳射进了病房，给雪白的墙壁涂上了一片柔美的金色。纯真美丽的护士小姐轻盈地走了进来，推开窗子，一股清新的空气立刻把鸟儿的啼叫声送了进来。

　　巴黎从沉睡中醒来了。

躺在病床上的拉马克也睁开了双眼。

巴黎，欧洲的文化之都，法兰西祖国的心脏，是拉马克一直向往的地方。但是他一到巴黎，就做了手术，手术之后，便一直躺在病床上。巴黎对于他，就像是一位蒙着面纱的仙女，还没有露出她神秘而美丽的面容。此时此刻，金色的阳光使他想到了窗外的无限光明，护士小姐款款而去的身影让他感受到生活的无限美好。他披衣而起，扭动了一下脖颈，觉得自己已经痊愈了。走到窗前，向外望去，一片美丽的景色立刻尽收眼底，原来医院是建在高坡上的。近处，阵阵丁香花香气扑鼻；远处，无边的林木郁郁葱葱。东西流向的塞纳河像一条蓝色的飘带，把巴黎一分为二，河北为右岸，直到蒙马特尔高地；河南为左岸，向蒙苏里公园延伸。

雨后初晴的巴黎容光焕发，如幻似梦。拉马克迫不及待地要在今天游览这个城市。

拉马克先来到了塞纳河畔。

他虽然从没有到过巴黎，但是他知道，巴黎是从塞纳河的浪花中浮现的。是啊，静悄悄的城市就像一只方舟，停泊在塞纳河湾。巴黎的城徽就是由一幅白篷帆船图案组成的，她飘浮着，永不沉没。

拉马克曾听护士小姐讲起过巴黎起源的传说。

巴黎最早的居民是帕里斯（PARIS），就是"荷马史诗"中的那位特洛亚王子。在一场古典式的选美中，众女神把金苹果交给特洛亚王子帕里斯，由这个美男子裁判她们中谁最美？参加角逐的，有众神之神宙斯的妻子，也就是天后赫拉；有爱和美女神阿佛洛狄忒，也就是维纳斯；还有一个就是有名的智慧女神雅典娜。帕里斯不知道把金苹果献给谁才好，因为他觉得三位女神都是美丽的，难分高低。三位女神为了争夺金苹果，每个人向这位特洛亚王子许下愿。雅典娜许诺帕里斯可以得到智慧，赫拉许帕里斯可以得到财富。维纳斯则向帕里斯许诺，要让他得到天下最美丽的女子。她是主管爱和美的女神，这一点她是能够做到的。帕里斯犹豫良久，终于把金苹果献给了维纳斯。其实，作为爱和美女神，维纳斯得到金苹果本是当之无愧的，但是这使天后赫拉和智慧女神雅典娜十分不快，她们决意报复帕里斯。

维纳斯履行了自己的诺言，以神力帮助帕里斯夺走了斯巴达美女海伦。天后赫拉和雅典娜向希腊人告知了海伦的去向，由此引起了希腊联军对特洛亚的战争。希腊联军用木马计攻破了特洛亚城，帕里斯的父兄等悉数被杀，妇女和儿童都被掳走，海伦也哭哭啼啼地被墨涅拉俄斯拖上了船。帕里斯在维纳斯的保护下，死里逃生，带着一些人辗转逃到了塞纳河畔，发现河中有一个岛屿，他们就在这里定居下来。帕里斯内疚，因为是他，引起了战争，使国家灭亡，父兄战死。他希望在这河心岛上从此过着与世隔绝的生活，以求得心灵的宁静。后来，人们就取帕里斯的谐音，把这里叫巴黎（PARIS）。

传说总归是传说，但塞纳河的确是巴黎的摇篮。它是流经法兰西北部的一条河流，发源于东部的朗格勒高原，水流蜿蜒地向西伸展。在流经巴黎盆地的河段中，河中有一个岛屿，称为西岱岛，这就是今天巴黎的诞生地。后来，巴黎不断地从西岱岛向塞纳河两岸扩充，一直伸展到蒙马特尔等七座山丘上，形成了今天的塞纳河把巴黎分为南北两部分的格局。原来的西岱岛，成了巴黎市区的一部分。

这样的自然环境，使巴黎的美丽在全世界首屈一指。

　　拉马克沿河漫步，河岸树影婆娑，常春藤繁茂葱绿，生机盎然，天真烂漫的孩子们在飞落阶石的鸽群中嬉戏。拉马克不觉心潮涌动。

　　是的，青春的花朵正在开放，悠扬婉转的小提琴正在拉响。

　　巴黎圣母院的钟楼在朝晖中显现出来。拉马克今天不想去观赏它，留待以后再说吧，他心中的圣母，是热娜维沃。巴黎城的守护女神热娜维沃的雕像耸然仃立在圣路易岛——西岱岛的孪生姐妹岛上。拉马克沿河往东走，刚越过西岱岛，就踏上了这个岛，他早就知道圣路易岛历史。

　　那是公元451年，匈奴帝国国王阿提拉率兵5万，逼近巴黎城下。在这危急时刻，一位高卢少女挺身而出，激励同胞们拿起武器，结果众志成城，迫使匈奴铁骑调转马头，不战而退。这位巾帼英雄就是热娜维沃，尔后被追认为巴黎的守护女神。

拉马克以前是从历史教科书知道这些的。今天，他却亲身站在了这神圣的雕像面前，心中不禁激动起来，他仿佛听到了远古的英魂在呼唤。仰望热娜维沃的雕像，他暗问自己：我能成为什么样的人呢？

青年拉马克的人生探索之路，就从这里开始了。

他在拉丁区租了一间很便宜的阁楼。这间阁楼太糟糕了，不像他住过的那所医院，居高临下，可以饱览巴黎景色。从这间阁楼的小窗向外望，除了蓝天白云之外，什么也看不到，但是拉马克只能租这样的廉价房子。他退伍时，国家给他的优抚金是400法郎，靠这点钱在巴黎是不能久住的。他只得每天从早到晚地去找工作，却始终没有找到。不是自己不愿干，就是人家不用他。那少得可怜的400法郎日渐减少，拉马克也日渐焦急。谁能为他指出一条光明的道路呢？

推开阁楼的小窗，他看到的除了白云，还是白云。

一天，拉马克又一次无奈地推开阁楼的小窗，看天上的云。不知为什么，他突然想到了在医院时病房的那扇窗，想起了凭窗远眺时的感觉，也想起了纯真美丽的护士小姐，想起了分别时她那依依惜别的会说话的眼睛。

"对，应该去看望她，可我现在这个样子，连工作也没有……"

远处，传来苍凉、古老的民歌：

苍天无情地降下痛苦，

我心中无限忧伤；

百灵鸟离开了鲜花，

花园里只有一片凄凉；

……

22岁的拉马克，梦幻般的年龄还没有结束。但是现实与理想从来就不是一家，梦幻与怅惘却是天生的比邻。当梦幻难以成真时，也就变成了怅惘。

突然，拉马克发现天上的云变化很快，莫非这现象中藏着什么奥秘？拉马克思索起来。他又连续地观察了十几天，觉得大受启发。

青春的梦幻长出了翅膀，他想做一个气象学家。

结果拉马克真地做出了成绩。他自己根本就没有想到，两个世纪之后，气象学上仍然在使用他对云的命名：层云、卷云……他没有想到自己在气象学方面，为人类也留下了遗产，就是2000年以后，人们可能还仍然使用他对云的命名。而沿用这些命名的人们，也许，大多数不知道给这些云起名字的人吧？

但研究气象学是不能维持生活的，他不得不中断了对气象学的研究，好不容易在银行里找了一份工作，每日按时机械地干银行工作，不敢稍有马虎。

银行里，有一位业余提琴手兼歌手，工余时间，人们总是围在他身边，听他拉琴，听他歌唱。

拉马克又爱上了音乐，一有空闲就拉小提琴。

青春的梦幻又长出了新的翅膀，他想成为一位音乐家。

他琴拉得已经相当不错了，有一天，他抽出了一个空闲时间，跑到他住过的那家医院，坐在门前的廊柱旁，拉起了《典雅的少女》。他很喜欢这首歌，他相信，悠扬的琴声一定能把这首歌送到那美丽的姑娘耳中。

典雅的少女呀，

在我们分别前，

对着你那长睫毛的眼睛，

我把我的心交还。

典雅的少女呀，

我们不再相见；

突然，"吱——"的一声，门开了。

"是她！她一定是听到我的琴声出来的。"拉马克心中又高兴又激动。"对，要让她感到意外，让她大吃一惊。"

拉马克假装没有听到开门声，故意往别处看，继续拉琴。

"我说，年轻人，这里是医院，需要安静，不许在这里拉琴！明白吗？"

是一个尖刻严厉的老太太的声音。

拉马克闻声一惊，抬头一看，原来是医院看门的胖老太太，满脸愠色地站在他面前。

"怎么？原来是你，小伙子！"

"是的。您好？我是来看……"拉马克结结巴巴地说。

"啊！她呀。你来晚啦。她做了新娘了，跟她丈夫走了，不在这里了……"

拉马克悻悻地回到小阁楼。

"约翰摩内，我的弟弟，你到哪里逛去了，连门也不锁！"

拉马克吓了一大跳。原来是哥哥来了。

"约翰，我今天是特意来找你谈的。你不能总是这样朝三暮四，那会一事无成的！"

拉马克虽然有一点贵族血统，但家道早已破落。他生长在贫寒之家，共有兄弟姐妹11人。两个哥哥从军战死之后，就靠现在的这个哥哥支撑着困苦中的家庭。拉马克对这个哥哥很尊重，有一种近乎敬畏的感觉。他低声说：

"哥哥，那您说该怎么办呢？"

"我看，你还是进医学院学医吧！将来毕业了，有了当医生的资格，即使无人聘用，也可以自己开业。你看怎么样？"

"……好吧"。

哥哥很高兴。这个最小的弟弟今后总算不会朝三暮四了。

不要责怪年轻的拉马克吧。

青年本来就是找出路，不问是非的年龄，他们爱好一切美好的事物，渴求知识，这没有什么不好，最起码可以防止内心空虚，精神贫乏。但是，世俗社会，却常把这种探求人生的热情斥为朝三暮四。当然，人也许就应像是一棵树、一根草一样，在自然界中，都有自己的位置。脱离现实土壤的梦幻，是无雨的云，是无源的水，是无光的灯。可事实上，像拉马克这样的人，无论做什么，都是很投入的，都是很适合的，就像他在参军时，以沸腾的热血去渴求战斗那样。

不过，长兄的任务，就在于帮助年轻的弟弟找到人生最适合的位置，以便发展他的特长。

那么，拉马克最适合的人生位置在哪里呢？

拉马克邂逅卢梭

　　18世纪的法兰西，处于漫漫长夜之中。法王路易十五只图眼前行乐，不顾国家前途，并且竟然还自鸣得意地说："我死后哪怕洪水滔天！"

　　冲决法兰西封建专制制度的洪水，何时才能咆哮呢？

就在这时，法兰西出了一个伟大的人物，他给笼罩在法国大地上的漫漫长夜带来了曙光，也给人类思想宝库留下了珍贵的遗产。他就是让·雅克·卢梭（Jean Jacques Rousseau）。

1762年，拉马克从军的第二年，卢梭的小说《爱弥尔》问世。这部书的出版，引起巴黎天主教会对他发出声讨书，当局也对他下通缉令，书被当众焚毁，并且扬言也要像烧毁书那样烧死他。卢梭逃亡国外，辗转流徙了多年。1770年，法国当局宣布对他赦免后，他才回到巴黎定居，靠给人家抄乐谱糊口，过着孤独凄凉的生活。

这时，拉马克正在医学院读书，植物学是医学院学生的必修课。当时的法国，喜欢植物学的人特别多，就是不喜欢这个学科的一些法国人，尤其是巴黎的布民，也都喜欢栽培一些植物。

夏季的一天，拉马克来到皇家植物园。一丛丛美丽的山茶花吸引了他，他仔细地观察着山茶花。

他觉得很奇怪：为什么有的山花是单瓣，有的是重瓣呢？并且，即使同样是重瓣的？重瓣的程度也不相同。

"不是说造物主所创造的物种是不变的吗？那为什么作为同一物种的山茶花，却是如此多样呢？"

拉马克陷入思考之中。

"年轻人，你好！你也喜欢植物吗？"

沉稳而文雅的声音唤醒了拉马克。转身望去，身后站着一位50多岁的人，清瘦的身材，面颊微微下陷，深邃的目光不失和善。

拉马克这才猛然意识到，自己光顾弯下身子观察山茶花了，把这花丛中的小径给堵住了。

"您好，先生。真是对不起……"

"哦，没关系，我发现你已经观察好长时间了，有什么新发现吗？"

"没有。不过，这花瓣……"

拉马克不由得说出了自己的疑问。

"我想这完全是自然的意志。"

拉马克心中一震：

自然的意志？那上帝又起什么作用呢？面前的这位先生，能够给我答案吗？他又是谁呢？

想到这里，拉马克问道：

"先生，请问您是……"

"哦，我叫让·雅克·卢梭。"

他向拉马克伸出了温暖的手。

啊！原来他就是大名鼎鼎的卢梭！

拉马克一时间不知道说什么才好。他早就知道卢梭，全法国的人民都知道卢梭。

　　拉马克听说过卢梭那传奇般的坎坷人生，那真是令人同情。

　　他的一生充满了不幸，即使是他的出生，也是不幸，是他无数不幸中的第一个不幸。因为他的出生，使母亲付出了生命。

　　稍稍长大，他曾在律师家为徒，跟雕刻师学艺，又终于出走成为流浪者。20余年的时间里，他当过佣人、家庭教师、音乐教师和雇佣文人，饱尝了人生的辛酸和社会的不平。

　　他曾经一个人跑到监狱去看望狄德罗。

　　那是1749年，狄德罗看着巴黎街头上乞讨的瞎子说：何不想法子，使这些人读书，去从事一种有用的职业呢？马上有人斥责：这种思想是干涉个人的自由和破坏上帝的权力，把他监禁起来吧！于是狄德罗被关进了巴士底狱。

谁也不敢去看望狄德罗，人们不敢走进巴士底狱那阴森的铁门。卢梭可不在乎，他跑到监狱，和狄德罗探讨起让失明者读书的问题来。卢梭建议：可以有一种凸字让他们能够摸着读书。

　　卢梭逃亡国外到达日内瓦时，一下子跪在地上，吻着那片土地，以为是到了"自由之土"。谁知日内瓦当局也要逮捕他。

　　这个思想界的巨子，为法国人民提供了精神支柱，他的自由、平等、天赋人权、主权在民的思想，成了法国人民追求、向往的崇高目标。他是法国人民心中的偶像。全法国都知道有一位思想家兼作家的卢梭，还知道他也是一位植物学家。巴黎人民，包括拉马克和他的哥哥，喜欢栽培植物，喜欢植物学，就是受了卢梭的影响。就在统治者逼得卢梭四处逃亡的时候，巴黎却掀起了一股种植热。

此时此刻，拉马克正面对着这位思想大师。他也是出来特意观察植物的，恰巧遇到了拉马克，就这样，和比他小32岁的拉马克认识了。

卢梭很喜欢这个爱思考的拉马克，两人很快就成了忘年交。他们一起到森林中去散步，到郊外去观察植物，采集植物标本。拉马克也常到卢梭的植物实验室去，和卢梭谈植物，也谈其他的事情。交往中，拉马克更加了解卢梭了。卢梭曾受过来自各方面的种种诽谤和污蔑、中伤和曲解、迫害和攻击。他高尚纯洁，不贪图个人的荣誉和财富，在贫贱生活中保持着精神上的高格调。虽然直到现在，仍然靠抄乐谱糊口，却从不叹息和流泪，他也拒绝国王的接见和赐给的养老金，不接受达官贵人的馈赠……所有这些，在拉马克头脑中，打上了深深的烙印。十几年后，他也亲眼见到了巴黎人民实现卢梭设计的蓝图所结出的胜利之果。

拉马克除了经常向卢梭请教，也向他讲述自己的一些事情。有一次，拉马克对卢梭回忆起自己的军队生涯。

是的，他无法忘记，1761年7月，平地一声雷，把灾难送到了索姆河畔比卡第州的巴蒂斯特一家，父亲菲律得满和他的一个儿子战死了。小儿子拉马克得到噩耗，急忙从亚眠的教会学校赶回村中，母亲用泪水迎接了他。眼角挂着泪珠的拉马克坚决向母亲提出，要参军到前线去打仗。这时，1744年出生的拉马克才17岁。没有钱，他只能骑着一匹又瘦又小的马，去投奔驻扎在波若雷的拉斯梯上校。

枯藤老树，古道西风，这匹瘦马，要把拉马克带向一条什么样的道路呢？

波若雷联队队长拉斯梯上校看着还是少女模样的

拉马克，笑了。他心中暗想：小小的雏燕，翅膀上的羽毛还没长丰满，也想飞越群山，掠过重洋？

他让拉马克做一些护理伤员的勤务工作，为大家做饭，整理内务，就是不把他编入战斗序列。

威斯特代里亚战役改变了这种状况，并且几乎决定了他的一生。在这次战役中，德军的炮火很猛，法军溃散了。拉马克这时正在一个掷弹兵分队，这个分队也只剩下14个人了。一发炮弹打来，指挥官牺牲了。在这危急的关头，拉马克挺身而出，指挥战斗，继续坚守阵地，一直到传来撤退命令为止。因有战功，他被晋升为中尉，一个最年轻的中尉。如果不是生活中一件小小的意外，也许命运就注定了他的职业军人生涯。

拉马克随着部队，到过比利时、荷兰。后来，部队驻在摩纳哥。摩纳哥，地处西欧南方海岸，与科西嘉岛隔海相望，利古里亚海日夜不息的涛声拍打着它。海鸥不时地掠过水面，水面上绿色的、红色的、黑色的植物随着波浪起伏。

"水里的植物和陆地的植物为什么相差这样大呢？"

拉马克喜欢坐在岸边的岩石上，对着大海沉思默想。

海鸥啼叫，海浪吟唱，远处烟波浩渺。

一天，军营里的伙伴们高兴起来，又打又闹，互相开玩笑。拉马克和一个大个子士兵，互相捧住对方的头往上提，小孩子们把这叫"拔萝卜"。军营中的年轻人互相打闹，本是平常的事情，谁想这小小的意外，就为拉马克的军旅生涯画上了句号，他原来就有的淋巴结炎加重了。

就这样，他被送回巴黎治疗，做了手术。

新的生活就是这样开始的。

听过拉马克的叙述，卢梭更加认定这是一个勇往直前的人。他朗声笑了起来：

"看来，和你认识，还幸亏了那个玩笑！"

回忆往事，拉马克本来带着一种伤感，卢梭这一笑，使他高兴起来。是呀，如果不是到巴黎做手术，也许今生就不会遇到这位思想大师了。

而人生旅途中的某种意外"相遇"，往往有着重要的意义。

拉马克结识卢梭后，深受卢梭的影响。

世间的事，常常叫人难以解释。卢梭在人们的心目中，主要的是一位思想家，然后是作家，再然后才是植物学家，但却影响拉马克爱上了生物科学，并走上这条探索真理的道路。

拉马克终于结束了医学院的学习，但他并没有去做医生。1778年，他出版了三卷《法国植物志》。拉马克由此成名，卢梭却在这一年死去了。

动荡中的法兰西

1792年是法国历史上严峻的一年。

两年前，巴黎人民攻占了巴士底狱，革命取得了胜利，新兴的资产阶级取得了政权。但是路易十六在名义上还是国王，他勾结那些一向仇视法国革命的欧洲封建君主们，不惜借外国顽固势力干涉法国革命。

战争终于不可避免地蹂躏了法国。

人民期望着战争旗开得胜。但军队是旧的，军官和将领大多是贵族。前线进攻开始时就失利，一些部队甚至未同敌人接触就向后退却。指挥前线军队的拉法夷特等人故意放纵敌军。这一点也不奇怪，贵族出身的军官在情绪上都是反革命的，许多军官叛逃，军事形势急剧恶化。

法国立法会议宣布："祖国在危急中！"

这时，历史的时针正指向1792年7月。

拉马克写的《关于主要物理现象原因的研究》一书，也正要在这时出版。几天来，拉马克一直在校对这部书稿。

窗外一阵阵声浪冲进了房间，拉马克坐不住了。他扔下书稿，走上街头。

一列列武装起来的队伍从拉马克身边走过。法国人民为前线的形势变化而激动，各地人民组织了义勇军，纷纷向巴黎汇集，然后再开赴东北前线。特殊的时代，决定着历史用它凝重的笔写下了这样的结论：保卫祖国就是挽救革命。

人流如潮。拉马克顺着爱丽舍田园大街往东走，来到路易十五广场。路易十五广场也叫巴士底广场，它位于塞纳河的右岸巴黎市的中心，爱丽舍田园大街的东端到此终止。这时，广场上的队伍越来越多了。一阵激越的歌声，吸引了拉马克：

前进，前进，

祖国的儿女，

那光荣的一天等着你！

你看暴君正对着我们，

我们祖国鲜血遍地，

我们祖国鲜血遍地。

听见没有，那凶狠的兵士，

到处在残杀人民！

他们从你的怀抱里，

杀死你的妻子和儿女。

武装起来，同胞们，

投入战斗，公民们！

前进，前进，

万众一心，

把敌人消灭干净！

我们在神圣的祖国面前，

立誓向敌人复仇；

我们渴望珍贵的自由，

决心要为它而战斗。

我们正胜利地团结前进，

高举着自由的旗帜！

在我们雄壮的脚步下，

垂死的敌人听着我们的凯歌。

武装起来，同胞们，

投入战斗，公民们！

前进，前进，

万众一心，

把敌人消灭干净！

拉马克知道，这首铿锵有力，充满战斗精神的歌曲，叫《马赛曲》。就在不久前，普奥联军大敌压境的紧急关头，莱茵河上游左岸的边境小城斯特拉斯堡的市长底特利希，满怀着保卫祖国、保卫革命的热情，号召人民为军队谱写战歌。诗人兼作曲家、工兵中尉鲁日·德·李尔当即回家谱写成一首题名为《莱茵军战歌》的歌曲。第二天，底特利希市长亲自演唱，很快在军队中传开，并且又很快地传到广大地区。这几天，远在地中海岸边的马赛市的救国义勇军又高唱着这首歌开进巴黎，使这首歌更加风行一时，人们这时就干脆把它称为《马赛曲》，原来的歌名，反倒没人叫了。

不知不觉，拉马克在此起彼伏的歌声中走到了一块大理石旁。这是圣安东尼街和雅克—葛尔街的交汇处。奇怪这两条街的交汇处只有这样一块大理石，没有房屋，如果没有这块大理石，那它就成为整个棱形广场的一部分了。

"啊，巴士底狱！"

拉马克猛地停住了脚步。他低头看那大理石上刻的字，不禁感慨万千。那块大理石上刻着：

"这里原为巴士底狱前院大门。1784年7月14日，人们由此攻进古堡。"

此时此刻，拉马克想到了他的导师，他的引路人卢梭。正是他，把他引向了生物科学的道路，也正是他，为法国人民绘制了一幅蓝图，教法国人民驱散了笼罩在天空上的乌云，让法国大地射满了灿烂的阳光。

1788－1789年，法国碰上了荒年，小麦严重歉收，冬季又遇严寒。政府负债累累，人民用瘦骨嶙峋的肩膀，支撑着这个风雨飘摇中的国家。终于，工人、手工业者、城市平民掀起了武装起义，占领武器库。7月14日，巴黎起义者冲向巴士底狱，经过浴血战斗，冲破了这座象征着专制统治的堡垒。

巴士底古堡建于1382年，本来是巴黎的军事城堡。后来巴黎市区不断扩大，它就不再作为军事城堡而用来幽禁失宠的贵族。说来可笑，最先被关进去的竟是它的修建者，巴黎总督奥布里耶。从黎塞留时代起，古堡正式改作国家监狱，这才有了巴士底狱之称。

这里先后关押过攻击王室的伏尔泰和企图谋杀庞巴都夫人的拉都德，以及放荡不羁的萨德侯爵等。不过最轰动一时的，还是一个被称为"铁面人"的囚徒。他于1698年9月的一天下午被突然下狱。牢房医生杜戎卡在日记中实录了此人随后神秘辞世的情况："1703年11月19日（星期一），那个始终用黑绒布蒙面的，不通报姓名的人昨天做完弥撒后有些不舒服。他并没有患大病，却在当晚将近10点钟时突然死去。"

及至1789年7月14日凌晨，起义的人们攻破巴士底狱，杀死典狱长德洛奈侯爵后，人们才在一个地牢里找到了"铁面人"的骸骨，他还戴着镣铐。这死去的"铁面人"就是卢梭。

"我的导师，你这思想界的巨子，可惜你没有亲眼看到这座封建专制古堡的坍塌！"拉马克心潮起伏。对导师的思念，对大革命场景的回忆，对历史的慨叹，全都交织在脑海中。

是的，巴士底狱坍塌了，它已经消失了。如今，只有这块大理石碑立在这里，向人们诉说着历史的足迹。在攻陷它的第二天，也就是1789年7月15日，人们就挥镐把这座阴森森的封建专制堡垒拆毁了。

构建这座堡垒的石料哪里去了呢？

拉马克穿过广场，来到一座大桥上。这座桥，位于市中心，它将塞纳河右岸的路易十五广场和左岸的波旁宫连接了起来。

这桥，是去年才修建的。它所用的材料，就是巴士底狱拆下的石料。攻陷巴士底狱之后，就决定彻底拆毁象征封建专制的堡垒，用拆下的石料架设一座新的桥梁，以表明人类之间不能一部分人压迫另一部分人，而应是相互沟通、相互交流。可能正是为了体现这个意思，这桥才被命名为"协和大桥"。

拉马克倚在桥栏上，静静地思索着。他抬眼望去，望到了塞纳河中西岱岛上巴黎圣母院尖塔的塔顶。

啊，巴黎圣母院，你能够给善良的人们和不幸的人们带来好运吗？

他记起1776年，他跑去找卢梭。他有疑问想和卢梭探讨。他这个在亚眠的教会学校里度过少年时代的生物学研究者，越来越觉得他所研究的东西不能证明万物是上帝创造的，并且一经创造出就不再变化的说法。但是卢梭不在，只有风在拍打着卢梭那破阁楼上虚掩的窗。

拉马克沿街去找他。

卢梭那时正在激愤中写了一篇幻觉式的《卢梭和让·雅克对话录》，他感到世间再也没有人能听到他绝望的呼声了，于是他便设想要向上帝呼吁，并决定将手稿放在巴黎圣母院最大的神坛上，直接呈献给上帝。

拉马克望着他阁楼上虚掩的窗时，卢梭却正跟跟跄跄地走向巴黎圣母院，但是他发现圣母院祭坛前的铁栅栏紧关着。这是对他最后的打击，他痛感连上帝都在跟他做对。

是的，他忘记了，这时正是2月，巴黎最寒冷的日子，铁栅栏不会打开，上帝也不会接待他。其实，即使不是寒冷的2月，上帝也好，圣母也好，什么时候接纳过他卢梭这样的人呢？什么时候接待过平民百姓呢？

在圣母院有一尊头戴钢盔，身披战袍的女神像。

她面目清秀，体态矫健，左腰佩有一把长剑。这是"圣女"贞德。这位农家少女。在英军包围军事重镇奥尔良时，挺身而出，手执军旗，率军队击退了英军，解放了她的故乡奥尔良市。这位农家少女被人民亲切地称为奥尔良姑娘。但封建主对她的声望和影响感到不安，在一次战斗中故意关闭城门，截断她的退路，使她落入敌手，受尽酷刑，最后被教会以"异端"的罪名烧死在火刑柱上。那时她才19岁。20多年后，教会又追认她为圣女，并在巴黎圣母院为她立了神像。

是教会将她烧死，又是教会追认她为圣女。这叫如何理解呢？

卢梭在命运面前从不流泪。但是拉马克在那一天为卢梭流下了眼泪。他找到了正在踉踉跄跄往回走的卢梭，扶他躺在硬板床上。看着导师破旧的衣衫，瘦弱的身躯，失神的眼睛，拉马克不禁阵阵心酸。

又过了一年多，卢梭终于永远告别了这个他总是想改造一番使他受尽了折磨的人间。

"革命胜利了，人民正在实践您绘制的蓝图，您的灵魂可以安宁了！"拉马克想着。

是的，革命实现了思想家的伟大思想，革命也为科学家带来了光明。拉马克在革命后的1791年出版了《植物学图志》，这大大提高了他的威望。革命需要科学，革命需要科学家。就在这一年，他成为国家植物园的管理者。

一队义勇军从桥旁走过，枪刺在阳光下闪亮。这打断了拉马克的回忆。广场上，数不清的人群中迸发出的激情感染着拉马克，猛然间，几天来一直斟酌不定的，他打算写在《关于主要物理现象的研究》一书扉页上的题词一下子想好了。他决定这样写：

　　"请接受吧，对于一切敌人和战无不胜的人民
啊！善于从自然界收回你自己的神圣权力的人民啊！
我请你接受的，不是在旧政体下摇尾乞怜的奴隶们
献给国王、大臣以及保护他们的贵族的那种逢迎的敬
礼，而是惊奇赞美于你的美德和毅力所应得的礼物，
这种美德和毅力由于你的代表者的英明和坚贞不屈才
得到发扬"。

　　拉马克向广场走去，他想快些回去把方才想好
的话语记下来。广场中心，路易十五的雕像上，一个
人正在往上张贴什么。旁边，两个士兵的话语隐约入
耳：

　　"听说广场要改名叫革命广场？"

　　"是，还有说要命名为协和广场。"

　　"到那时，"一名士兵指了指路易十五的雕像，
"他也该搬出去了吧！"

正在这时，又一队义勇军开进了广场，耳畔又响

起了《马赛曲》

……

当父兄们在路上倒下，

我们将继续战斗；

我们埋葬好烈士的骨灰，

追随他们的足迹前进，

追随他们的足迹前进。

我们不要留恋那生命，

却愿战死在斗争里，

能为他们复仇而牺牲，

我们将要感到无上光荣。

武装起来，同胞们，

投入战斗，公民们！

前进，前进，

万众一心。

把敌人消灭干净。

三位生物学家的友谊与分歧

一声雁鸣，打断了拉马克的沉思。他推开阁楼的窗子，一股丁香树的清香，荡了进来。在没有科学讲座与讨论的日子里，自然历史博物馆总是一片寂静。拉马克遥望辽远的天空。

天很蓝，也很静谧。

那一队大雁，已经飞到天边了，变成了一行小小的黑点。

"啊，雁啊，雁，你要飞向何方呢？人们都说鱼雁传书，你真的能吗？"

拉马克正在盼望着一个人的归来。

这个人，就是圣希雷尔，拉马克的好朋友。

那还是1793年，拉马克正在法国科学院生物学部担任讲授昆虫、蠕虫和微生物的教授职位。当时，讲授脊椎动物的教授职位还空着，一时还找不到合适的人。不久，拉马克听说有人被选中了。这个被选中讲授脊椎动物的人，就是圣希雷尔。

拉马克刚刚见到他时，真是大吃一惊。他看到的教授竟是那么年轻，才21岁，并且，他并不是生物学家，而是一位矿物学家，是研究晶体学的。说来也怪，对于这样一位如此年轻的矿物学家能否讲好生物学，拉马克竟然一点也没有怀疑，相信他能讲好。他想，如此年轻的人能进入法国科学院，那他一定是才华横溢的。事实证明了圣希雷尔的确名不虚传。最使拉马克欣赏的，是圣希雷尔认为生物会在环境的影响下发生变化的观点，如空气中氧气含量的提高和二氧化碳含量的减少，导致一些爬行类逐渐地变成了鸟类。究竟是不是这样，拉马克一时还说不清，但是环境会使生物发生改变这一点，竟与拉马克的看法不谋而合。

他们很快成了好朋友。

1798年，圣希雷尔到埃及考察去了，一去就是4年。听说，他快要回来了。拉马克望着窗外，院子里的大门紧关着。他突然想：如果现在门一开，也许走进来的就是圣希雷尔。

拉马克盼望圣希雷尔的归来，还有一个原因，那就是希望得到他的支持，来共同说服拉马克的另一个朋友，也是他们共同的朋友——居维叶。

拉马克和居维叶正在发生分歧。

去年，他发表了《无脊椎动物分类系统》一书。在序言里，他表述了这样的思想，各种生物都经历了一个进化过程，因此物种是可变的。

居维叶跑来找他，问他："你要表达的是什么思想？"

拉马克本以为朋友会支持他的新思想，想不到居维叶跑来质疑他。

1778年，拉马克写完三卷巨著《法国植物志》的最后一页时，他掩卷沉思：仅仅在法兰西，植物的种类就如此之多，全世界的植物种类就一定会更加可观！而每种植物，又常有数目不等的亚种，如常见的甘蓝，就有许多品种。如果再加上动物，那这世界上的物种真是不可胜数了！说物种是上帝创造的，如果真是那样，上帝怎样才能创造出这无比多样的生物来呢？是上帝一件件造的吗？上帝真的有这种能力吗？拉马克留下了太多疑惑。

那么，这形形色色的生物是怎样来的呢？

事过二十几年，现在，拉马克有了明确的答案，生物是自然界长期发展的结果，现在的物种是由过去的物种演变而来的。

拉马克曾经为自己有这样的思想而震惊。

因为，他这是离经叛道！

他的思想，背离了宗教教义！

中世纪的欧洲大陆，和东方的封建国家不一样。在东方，皇权至上；在西方，教会拥有至高无上的权威，它和国王、世俗诸侯一样，掌握着最大的权力。凡一切背离教会的说教，不合乎罗马教廷正统教义的思想，都会被斥为"异端"，而在教会看来，一切罪恶莫过于此。教会设立宗教裁判所，严刑审讯"异端"论者，被审问者一经定罪，就被处以罚款、监禁，甚至在火刑柱上烧死。有的国王如果不受教会欢心，也会被废黜。1076年，神圣罗马帝国的皇帝亨利四世与教皇发生了冲突，不得不在1077年1月忍辱到意大利的卡诺沙城堡去向教皇忏悔。当时，亨利冒着大雪，光着双脚，穿着粗布衣服，在城堡外候了三天才得晋见教皇。

至于平民百姓，被教会以"异端"罪处以刑罚的就更是不可胜数了。科学家当然也不能幸免。并且，因为科学家常常要说出真理，所以他们所受到的迫害会更厉害。波兰天文学家哥白尼，写成了一本书叫《天体运行论》，提出"太阳中心说"，这同教会宣扬的"地心说"相矛盾。哥白尼害怕教会的迫害，一直到1543年死前才将它发表。

意大利的布鲁诺，本是教堂里的修道士，因为接受了哥白尼的观点，在1576年被赶出修道院。后来，他又进一步认为太阳也不是宇宙的中心，它只是太阳系的中心，而宇宙是无限的。结果被宗教裁判所逮捕，入狱7年，受尽了非人的折磨，终于在1600年，被烧死在罗马的火刑柱上。

意大利比萨人伽利略，19岁时，在比萨的一座教堂里观察一盏挂钟的摆动，从而发现了摆动的等时性。几年后，他进行了著名的比萨斜塔的实验，建立了自由落体定律。1632年，他出版了《关于托勒密和哥白尼两大世界体系的对话》，进一步证实了哥白尼的学说，结果，70岁高龄的伽利略，因病弱之躯无法行走，而在风雪中被抬到罗马受审。

一百多年过去了，法国大革命也已经结束了十多年，教会已经不能像原来那样的为所欲为了，但它的势力仍然很大，在许多领域，尤其是在生物学领域，它还禁锢着人们的思想。去年，皇帝拿破仑同教皇签订了教务专约，标志着革命同教会以及罗马教皇和解了。

所以，拉马克的思想，很难说会遭到什么命运。而现在，他遇到的现实，就是他的朋友居维叶反对。居维叶在了解了拉马克的思想之后，同样感到震惊，他觉得拉马克的思想未免离《圣经》太远了。

万物是怎样出现的呢？居维叶完全拥护教会的说法：

上帝用六天的时间造出了万物。第一天，上帝在混沌的世界中创造白昼和黑夜；第二天，上帝创造了空气，把水分为上、下，空气以上称为天；第三天，上帝造出了陆地、湖海和花草树木；第四天，上帝造出大小两光：大光管白天，小光管黑夜，出现了日、月、星辰；第五天，上帝造出了鱼和飞鸟；第六天，上帝创造了昆虫、野兽，又照自己的形象造出了人，管理世上的一切。

现存的一切，都是上帝当初在六天的时间里不断地创造出来的，上帝当初创造出多少种生物，现在就有多少种生物，而且没有变化。就是说，物种是不变的。那么，上帝为什么要创造万物呢？上帝是照预定的目的创造万物的。比方说，猫被创造出来是为了吃老鼠，老鼠被创造出来就是为了给猫吃。

拉马克早就怀疑这些说法，现在，则是从根本上不相信这一套说法了。不过，小时候在教会学校读书的拉马克，对于上帝造万物的说法也早就知道并且深信不疑的。当初，他为《圣经》的经典的痴迷，《圣经》上说的许多人和事，他都记得很清楚，上帝是耶和华。上帝耶和华在第六天照自己的形象造人时，是用地上的尘土造的，然后将气吹在泥人的鼻孔里，就造成了第一个有灵魂的活的人，这就是亚当。

在东方的伊甸有一个园子，有各种各样的树，树上有果子可作食物，园子中还有生命树和分别善恶的树。

耶和华将亚当安置在伊甸园，使他修理看守，并吩咐他说："园中各样树上的果子，你可以随意吃，只是分别善恶树上的果子，你不可以吃，因为你吃了必定死。"

耶和华上帝在亚当沉睡时，取下他的一条肋骨，又把肉合起来。然后用这肋骨造成一个女人，她就是夏娃。上帝领夏娃到亚当跟前，当时他们二人，赤身露体，并不知羞耻。

在耶和华上帝造的动物中，唯有蛇最狡猾。蛇对夏娃说："上帝不许你们吃园中所有树上的果子么？"夏娃说："唯有园子当中那棵树上的果子，上帝说不可以吃，也不可以摸，免得死去。"蛇说："你们吃了那果子也不一定死，因为上帝知道，你们吃了眼睛就明亮了，你们便跟上帝一样能知道善恶。"于是夏娃就摘下来吃，并且也让亚当吃。他们二人吃了之后，眼睛明亮了，才知道自己是赤身露体，便拿无花果的叶子，为自己编裙子。

天起了凉风，耶和华上帝在园中行走，亚当和夏娃听见上帝的声音，就藏在园里的树木中。耶和华上帝呼唤亚当，对他说："你在哪里？"亚当说："我在园中听见你的声音，我就害怕，因为我赤身露体。"耶和华说："谁告诉你赤身露体呢？莫非你吃了我吩咐你不可吃的那树上果子么？"亚当说："是夏娃把那树上的果子给我吃的。"

耶和华又问夏娃。夏娃说："是蛇引诱我的。"耶和华就对蛇说："你既然做了这事，就必受惩罚。你必用肚子行走，终身吃土。"

拉马克小时候为这些情节所痴迷，后来则发现了

漏洞：亚当和夏娃吃了那种果子就知道羞耻，这不是一种进步吗？蛇干了坏事之后才被罚用肚子走路，那么干坏事之前一定也是用脚走路的，这不也是一种变化吗？怎么能说是物种不变呢？至于其他的说法，拉马克认为那更是骗人的。他暗想，如果说老鼠被创造出来是为了给猫吃，那么穷人被创造出来就是为了给富人欺辱了！

但是他说服不了居维叶，他们两个人，谁也说服不了谁。所以，拉马克希望圣希雷尔能够早日从埃及归来，并且能够支持他，帮助他去说服居维叶。

因为他知道，虽然他们三个人都是好朋友，但是圣希雷尔和居维叶的关系更是不同一般。这里面大概也有年龄上的原因。拉马克认识圣希雷尔时，圣希雷尔才21岁。那时居维叶还没有到科学院，也才24岁。

拉马克比圣希雷尔大了整整28岁，比居维叶大了整整25岁。而圣希雷尔和居维叶年龄却相仿，加上两个人又都是法兰西最年轻的科学家，所以共同语言自然也会多一些。而拉马克，却是他们的忘年交。除了这，还有一个更重要的原因，那就是，居维叶是圣希雷尔推荐给科学院的。

那是1795年，圣希雷尔给居维叶写了一封热情洋溢的信，邀请居维叶来巴黎主讲动物解剖学。就在同一年，他们两人又合作发表了一部关于哺乳动物分类的著作。所以，拉马克想，如果圣希雷尔也在场，那么，他们三个人一起讨论某种思想时，气氛会更好一些。

圣希雷尔还真的很快从埃及归来了，这时是1802年。

　　三个人小聚之后，拉马克就先单独和圣希雷尔一起，进行了一番讨论。

　　拉马克对圣希雷尔解释他的观点说：

　　现在的物种都是由过去的一个什么物种演变而来的，当然，这种发展不是纯粹的直线形式。比如就动物而言，原始的胶质粒子发展为动物，并向具有辐射状对称性的水螅和海盘车动物进化；其中一支发展为蠕虫，并向一切左右两侧对称的动物进化。从蠕虫开始，一方面伸展为昆虫、蜘蛛和甲壳纲动物；另一方面伸展为环虫、蔓足纲和软体动物纲动物。从软体动物再进化为脊椎动物，先是鱼类，然后是爬行类。爬行类动物又进化为鸟类和两栖类动物。最后由两栖类动物发展为具有四肢和五趾的哺乳类动物，其侧支一方面通向鲸一类的哺乳动物；另一方面通向有蹄类动物。

当然，拉马克此时的这个解释还不全面。又过了几年，他把他的思想和理论详细地表述在《动物学的哲学》中。在《动物学的哲学》中，他更确切地阐明了他现在的这个解释，并且附上了一个动物界最主要类群关系的系谱表解，而成为一棵动物系谱树。

在这个系谱树中，可以看出动物界发展的渐进的过程，形成了从最低级的动物逐渐发展成复杂化的动物系列。

"照您的说法，物种是可变的，并且是向上发展的！"圣希雷尔问。

"是的。"

"那么，变化的原因是什么呢？"

"环境。是环境影响的结果。当动物所处的环境发生了显著而持久的变化时，就会引起动物在需要上的巨大变化。为了满足需要，就会引起动物在行为上的变化。如果新的需要是持久的，那就形成新的习性，新的习性又会使某些器官相应地用得少或不使用。这种改变了的习性，经过几个世代的积累，会引起动物的身体在形态结构上的改变，最后产生了新的类型。"

"比如长颈鹿的祖先，脖颈并没有那么长，后来因为低层的树叶不够吃，或者吃光了，只能吃高树上的叶子，这就必须努力伸长脖子，适应新的环境。它们的后代处于同样的环境压力下，同样努力地伸长脖子，这样使长颈鹿的脖颈逐渐加长了。这种改变是经过多少世代的积累才遗传给后代，而终于形成现代的长颈鹿的。"

"鼹鼠也是由于世代生活在终日不见阳光的洞穴里，因而它们的视觉器官——眼睛，长期不使用，最终丧失了视觉功能，只留下了眼睛的痕迹。我们可以把这称为'用进废退'。"

细心倾听的圣希雷尔听到这里，猛然问道：

"那么植物呢？植物又有什么习性呢？它又是怎样'用进废退'的呢？"

拉马克解释说：植物和动物在进化发展上各有其独特的规律性。环境对植物对动物的影响不尽相同，对植物的影响是直接的，因为植物没有动作，因此也就没有平常所说的习性。当环境条件如植物营养吸收和蒸发以及日常获得的热量和光、空气和水汽等因素发生变化时，为适应变化了的环境，某些个体的机能和结构会随着相应地发生变化，经过世代的积累，就会产生新的种类。

比如，沼泽地里生长的花的种子，移到干燥多石的土地上，在这种营养不良的新环境中，它们也是有可能发芽生长的。但是比在沼泽地里生长的矮小，一些器官丧失了功能，另一些器官的功能却得到了扩大。

再比如，水中的一些植物，生长在不同环境下，生长情况就各不相同。当它们全部浸在水里时，它们的叶子就很细，各分权都有细丝，也就是说叶子裂成丝状；在它的茎到达水面的时候，它在空气中发育的叶片却是广阔的圆形，变得很宽，只有简单的裂片。就是说，水上部分和水下部分长得不一样。当长在潮湿但没有被水淹没的地方，它们的茎长得很短，没有一片叶子会分裂成细丝。可见，由于环境的作用，同一物种在不同的生活条件下，会发生不同的明显的变化。

"就是这些吗？"

"基本就是这些。"

拉马克用征询而期待的目光，瞧着圣希雷尔。他等着倾听这位年轻的浑身充满活力的朋友评论。

圣希雷尔没有明确表示肯定的意见，只是淡淡地说：

"明天，我们和居维叶一起来讨论这些问题吧。我还想听一听这个生物学界的独裁者的看法。"

拉马克没有做声，一片失望的阴影笼罩在他的心间。

第二天讨论的情况却出乎拉马克的意料之外，也使圣希雷尔有些意外。

出乎拉马克意料之外的是，圣希雷尔并没有先听居维叶发表意见，三人一见面，他就连珠炮似的谈开了自己的看法。他说：

"鲸和鸟类没有牙齿，但鲸的胎儿的颚上有牙齿，鸟颚上生长牙齿的位置有细的沟。失去牙齿的原因何在呢？是由于吃食物时不加咀嚼而直接咽下的习性所引起的结果。"

显然，他是完全赞同拉马克的观点。他对居维叶说：

"脊椎动物中的前肢，在不同的动物中具有不同的功能，例如，马的前肢支撑身体并奔跑，鸟的前肢已成为飞翔的器官——翅膀，鲸的前肢是游泳用的器官，但是它们有一点是相同的，即前肢骨骼的排列总是一样的。虽然在不同的动物身上，某些器官在形状上可能有所改变，但是他们的位置决不会转移他处，结构上是相同的，这说明它们的起源是同一的。"

居维叶这样优秀的生物学家，是多么机灵啊！圣希雷尔的话音刚落，他就明白了圣希雷尔同拉马克持同一的进化论观点。

居维叶为圣希雷尔的聪明和机智而感叹，不由得微微点了点头。

圣希雷尔看了，更加充满了希望和自信，他觉得拉马克夸大了他和居维叶之间的分歧。但是他很快就失望了。

居维叶没有就他们要讨论的问题发表看法而是"环顾左右而言他"，他问圣希雷尔：

"你这次在埃及采集的标本中，哪一件最珍贵呢？"

这和讨论的问题有什么关系？圣希雷尔愣了一下，随即答道：

"当然是在埃及古墓中发现的动物骨骼了！"

"那动物骨骼是什么年代的呢？"

"当然是古埃及时代的动物，距今已有两千年以上了！"

"它们和现在的同类动物比较怎么样呢？"

"这个，完全相同！"

居维叶笑了。他问：

"这说明了什么问题呢？"

圣希雷尔有些语塞。

"让我来替你说吧。这种情况只能说明：物种不变才是真理！"

"不！"

圣希雷尔坚决地说，但是一时间却不知怎样具体说明才好。

"如果事实并不如此，那才奇妙到不可思议。因为埃及的位置和气候，现在和过去并不曾有什么改变，环境条件没有变，所以古埃及的动物和现在的动物没有大的差异。这并不能说明物种不变。"

拉马克缓缓地接上了话语。

但是，他知道，这一次试图使居维叶支持自己思想的努力又失败了。拉马克总是觉得，能够得到居维叶的支持很重要，如果不是这样，那说不定日后会有烦恼的。因为，居维叶在科学、尤其是在生物学界很有影响，素有"生物学界的独裁者"之称。同时，在政府中他又担任着要职，所以，如果他支持自己，那么就会影响一大批人，可如果他反对自己，也同样可以影响一大批人。拉马克希望居维叶能够赞成他的观点，起码不要反对他的观点。如果反对，那么，自己认为是真理的这些东西就可能难见天日了。

关于居维叶，他听说过这样一个故事：

在一个月色朦胧的夜晚，巴黎一座小楼的房门突然地开了，一个怪物发出嘶叫声，钻进了一个房间。

房间里那位睡熟的人被吵醒了，他睁开蒙眬的眼一看，见床前站着一只头上长角，脚上长蹄的怪物。这个人竟然一点也不害怕，他毫不在乎地说："你只会吃草，我不怕你。"

说完，这个人翻了个身，又安然地睡了。

这时，那怪物格格地笑了起来——原来，这怪物是一个学生装扮的，想来吓唬一下那位熟睡的老师。

那位熟睡的老师，就是居维叶。

居维叶为什么不怕那怪物呢？因为他一看那怪物头上长角，脚上长蹄，便断定他是一种食草的动物，不会吃人，所以满不在乎。

居维叶为什么能从动物的蹄和角，判断出他吃什么呢？

其实，早在两千多年前，著名的古希腊科学家亚里士多德就已经注意到这样的事情：

没有一个动物同时具有长牙和角的。

反刍动物有一种多重胃，但是牙齿很不行。

也就是说，亚里士多德已经发现，动物身上的不同器官之间，存在着某种联系。但是，亚里士多德没有深入研究这个问题。

居维叶在研究了许多古代动物的化石和解剖了许多现代动物之后，发现了动物器官之间的相互联系与主次隶属的规律——"器官相关定律"。

按照这个定律，居维叶认为：

每个有机体都是一个完整而严密的统一体系。这个体系的各个部分都是互相联系，互相适应的。如果机体一部分发生了变化，必然引起与之相应的另一部分的变化。这样，从动物机体的一部分，例如一根骨头或一个器官，就可以合理地判断及推测整个机体的面貌、构造及生活方式。

居维叶曾举例说：

"如果一个动物的肠子是消化生肉的，那么，它的颌骨的构造一定适合于吞食生肉；牙齿的结构一定适于嚼碎生肉；它的感觉器官一定善于发现远处的猎物；它的四肢一定善于追赶猎物……"

居维叶认为这种推断具有像数学证明那样的确定

性，并认为人们可以由一个碎片再塑造出整个动物；一个蹄的痕迹就足以说明动物牙齿、颚骨、脊椎、腿骨、股骨和骨盆的形状。同样，从一个动物的牙齿形状，就可以推断出该动物的颚骨的形状，也同样，肩胛骨的形状可以推断出该动物牙的形状。拿食肉动物来说，它一定具备消化肉食的消化道，它为了捕抓猎物，就必然要有撕裂肉食的锋利爪子。而这种爪子的趾骨必须有相应的形状，颧骨弓必须很发达，这样又促使咬肌发达；颈肌有力，与此相应的脊椎和枕骨一定有特殊的形式等等。

正因为器官是相互联系的，所以，居维叶认为，从古代动物化石的某一部分，常常可以推测出身体的其他部分。

"只要一个痕迹，就可以观察发现古代动物所遗

留的牙齿形状，颚骨形状，脊椎和腿肩和骨盆的全部
骨骼形状等。"

有一次，人们在巴黎附近发现了哺乳动物的化
石。当时，这个动物化石的头部已经暴露出来了，身
体还埋在土中。居维叶仔细看了头部化石之后说道：

"从这个动物化石已显露出来的牙齿看，我认为
它是哺乳动物中有袋类的负鼠。根据器官相关定律，
有袋类的腹部必然有一块小的袋骨，以支持它的袋
子。"

说完之后，他把化石周围的砂岩扒开，果真，人
们看到了化石的腹部有一块袋骨。人们大为惊讶，把
这个化石标本命名为"居维叶负鼠"。

又有一次，一位叫柯林伊的博物馆长给他寄来了
一张化石的素描图。图上的古代动物的形状是未见过

的。有人说是一种介于鸟与蝙蝠之间的动物，有人说是一种会游泳的鸟，而居维叶根据器官相关定律，从这种动物的头部和前肢的特点，推断出这是一具"飞龙化石"。后来，人们又找到许多类似的化石，证明确实是一种会飞的龙——翼龙化石。

这样的一个人，如果发表了什么看法，那么人们是很容易相信他的。所以，拉马克很希望他能同意自己的观点。

但是他们在探索真理的漫漫征途中，却走上了不同的道路。

本来，居维叶是有机会和拉马克走到一起的。居维叶注意到巴黎盆地地层中的化石，地层越深，地质时代越古老，化石也就越简单；地层越浅，地质时代就越近，化石的结构也就越来越复杂，越来越接近现代生物。这个事实本身，已经充分证明了生物发展的顺序性和规律性，证明了生物存在进化的历程，即由简单逐步演变成复杂的。可是，他虽然占有大量材料，但却无视这一事实，坚持物种不变的观点，失去了创立科学进化论的机会。

拉马克自言自语：

"真是可惜了他的才华！他的许多才华用错了地方！"

他们的这次讨论，终于不欢而散了。居维叶不但没有被说服，反而更加明确地表示，他将不遗余力地反对拉马克的"错误"说法！

后来，看多了生物化石变化的情况，居维叶用"灾变论"来解释。他认为，地球在不同时期、不同地点，发生过巨大的灾变，毁灭了现存的动、植物。

以后，又由其他地方迁来了新的动、植物类型，所以在不同的地层，才会有不同的化石动物类型。他说："总之，现在地球上的生命都遭受过可怕的事件，无数的生物变成了激变的牺牲者，一些陆地上的生物被洪水淹没了，另一些水中生物随着海底的突然升高而被暴露在陆地上。"

这个灾变论，比过去的上帝造万物的"神创论"并不见得好些，同样远离真理。居维叶是大生物学家，是人们心目中的权威；他担任着法兰西最高的科学职务；他每次都能很好地完成皇帝亲自交给他的任务；后来他又成为法兰西的教育总监、内务部长，这就使得他的错误观点成为进化论的巨大阻力。

由于居维叶反对拉马克的生物进化学说，在探索真理的道路上，他们终于分手了。不过，圣希雷尔越来越相信生物进化学说。

1809年，拉马克出版了著名的《动物学的哲学》，在这部著作中，他详尽地阐述了他的进化理论。

也就是在这一年，在英国，有一个男孩出生了。他，就是查理·达尔文。50年后，他使进化论取得了胜利。

莫非，这是一种心灵的预约。

在拉马克的《动物学的哲学》这部书中，人们看到了这样一些前所未闻的说法。这些说法把拉马克的生物学观点阐述得更明确、更系统：

地球上的生物是自然界长期发展的产物，生物经历了由简单到复杂，由低级到高级的变化；

人是由猿变来的，不是上帝创造的；物种是变化的，而环境的影响是有机体发生变异的根本原因；

"用进废退"，环境对植物的影响是直接的，对动物的影响却是间接的。环境使动物的习性发生变化，经常使用的器官进化，而废置不用的器官退化；

改变了的习性或部分器官，久而久之会传给下一代，就是说，习性可以遗传。

教会震怒了。他们恨不得立刻恢复宗教裁判所！

牧师们震惊了。拉马克居然敢说人是猿猴变来的！

掌权者不高兴了。因为皇帝拿破仑5年前刚由教会在巴黎圣母院加冕，他需要教会和神学，而拉马克竟然向神学发出了如此强烈的挑战！

猛烈的指责，来自四面八方。

人们啊，快收起你们的指责吧，这是对动物的如何进化做出的第一个完整的解释呀！

但是，指责仍然不断。

那么，善良的追求真理的人们，为什么你们不站出来支持拉马克呢？

除了圣布雷尔，没有谁站出来。面对拉马克学说的声讨，人们沉默着。在坚持科学真理上，人是需要有勇气的啊！

凄苦的晚年

　　1793年10月，法兰西第一共和国国民公会颁布了《革命历》。它以公历9月22日为一年的开始。一年也分为12个月，名次分别是菊月、雾月、霜月、雪月、雨月、风月、芽月、花月、牧月、穑月、热月和果月。第二年，也就是1794年7月27日，正是新历的热月9日，反罗伯斯庇尔的集团发动了政变，雅各宾派专政终结，发动政变的热月党人统治了法国。法国的上升的革命运动到了尾声，政权从资产阶级民主派手里转到了资产阶级右翼手里。

从这个时候起，博杂的世界对拉马克展开自己的真实面目，严峻而且残酷。

苦难的历程开始了。

不久，拿破仑又发动了雾月18日军事政变。1804年，他在巴黎圣母院举行了加冕典礼，拿破仑成了法兰西帝国的皇帝。

1809年，拉马克发表了《动物学的哲学》全面阐述了进化思想。

拿破仑改变了雅各宾派的反宗教政策，早就着手同教会以及罗马教皇握手言和。

专制政权和教会都不需要进化学说。

几乎所有的势力都在声讨进化学说。

拿破仑在科学院的盛大集会上，对拉马克冷嘲热讽。

拉马克在坎坷的道路上艰难地跋涉着。

拉马克有几次梦见了妻子，梦见妻子在细心地照顾他，温柔地安慰他。但可惜好梦不长，每次总是在他被感动得即将忘记苦恼的时候醒来。他是多么想重温好梦啊！

苦恼，就在身边，幸福，却离他很远。

有许多科学家，为科学事业而终生未娶；也有许多科学家，有一个贤惠温情的妻子，幸福的家庭，使困顿的科学家有避风的港湾，停泊的码头。但是，拉马克的家庭却是不幸的。

还是不要提吧，不要用钢刀去扎拉马克的心吧，拉马克自己，也从来不提家里的事。

他不只是结一次婚，但是他的妻子，不是先他而死，就是弃他而去。现在，他是孤零零的一个人。终日陪伴他的除了科学，便是贫穷。

　　1814年4月，反法联军进入巴黎，拿破仑退位，被流放到意大利西海岸的厄尔巴岛。在联军刺刀的保护下，波旁王朝的路易十八回到了法国王位上。复辟的波旁王朝，对革命进行报复，实行白色恐怖，杀戮革命时期的活动家，有近10万人被认为有政治危险而革除了职务，亡命归来的贵族和教士猖狂一时。

　　曾经衷心拥护过革命的拉马克，日子更加艰难了。从此以后，令人心酸的事便扑面而来。

　　那是1819年的一天。

　　教堂的钟声迎来了黎明，也唤醒了沉睡中的拉马克。这位已经75岁的老人，缓缓地伸展着手臂，睁开了双眼。

"天亮了吗？怎么还是一片黑暗！"

不幸像是一条铁棍，对准老人发出沉重的一击，拉马克双目失明了。

从此，巴黎那条清冷的街上，那座简陋的破屋里，一位老人在黑暗的日月中整理着他那超越时代的生物学思想。照顾他的，是他的女儿柯尼利娅。他讲，女儿一个字一个字地记录。

这时候，他们父女两个很贫穷。但黑暗，没有阻挡住科学的脚步！

有的科学家在晚年时或还早一些时候失明了。1637年，伽利略双目失明了。他用望远镜放大的星，在他面前缩小得完全看不见了！他不能再研究天文了，但双手仍摸着摆锤，测量着时间。

欧拉右眼失明的时候，才28岁。1766年，他的左眼也完全失明了。从此，欧拉便与光明告别，陷入漫漫黑夜之中，再也看不见数字和符号了，再也不能到天文台进行观测了，再也眺望不到蔚蓝的波罗的海了，但他还在继续着科学的思索。

但是却很少有哪一个科学家像拉马克这样贫穷，无独有偶，也有过这么一个！

那就是德国天文学家开普勒。他的贫穷像拉马克，或者说拉马克的贫穷像开普勒。谁比谁更穷，难分伯仲。科学史学家们说："开普勒只有疾病和贫困。"

1598年，为了去布拉格拜布拉赫为师，开普勒曾带着妻子儿女，忍着饥寒劳累，长途跋涉。不幸中途病倒，在一个小客栈里躺了几个星期。一个拖家带口的远行人，病在异乡，又身无分文，怎能不愁肠寸断！慷慨的布拉赫给他捎来了钱，才使他摆脱了狼狈困境，来到布拉赫身边。

年迈花甲了，开普勒还拖着病体，在阴寒的秋日，去布拉格为生存而筹钱。他那苍白的脸上，挂满了愁容。他步履沉重，一步三摇，似乎风一吹就要倒下。可为了科学，为了妻儿的生计，他拼力前行……

　　拉马克的贫穷真像开普勒！

　　他凄苦的晚年，又很孤寂。他双目失明之后，每天所忙的一些东西与他无缘了。他的国立博物馆的位置已经由别人替代，用不着他再为象的生病、山羊的发育、小公牛的形状、小狮子的牙齿等患愁了。这些可爱的动物落在别人的手里了，拉马克再也看不到它们了。

　　他门可罗雀，只有圣希雷尔还常来看他。

　　但拉马克仍然在以惊人的毅力工作着。他身边唯一的亲人——女儿柯尼利娅陪着他，一个字一个字地记录着他口述的科学思想。

无法详细统计拉马克丰富的成果！

拉马克认识卢梭后，制定了"二叉分支"法。并第一次在1778年出版的《法国植物志》中运用了这种方法。并且，人们今天还在沿用着。

他的《法国植物志》的出版，引起了科学界的注意。他的另一位导师布丰找到他，推荐他到巴黎科学院，使他成了植物分部的研究员。

他创立了"生物学"这一名词。

1782年，他编写植物学词典，后收入百科全书。

1791年起出版《植物学图志》，提高了他的威望，使他成为皇家植物园的管理者。

1793年，一直是作为植物学家的拉马克以巨大的努力，钻研新的领域：动物学。

1794年，出版《关于物质基本过程的原因的研究》。

1801年，发表《无脊椎动物分类系统》。在这里，初次以文字的形式提出进化学说。

1809年发表主要理论著作《动物学的哲学》。

《无脊椎动物自然史》使他成为世界第一流的科学家。这部巨著有七大卷，最后的一卷半，是在他失明后口授写完的。

1820年，他又发表了《人类意识活动的分析》一书，这也是在他失明后的岁月里写的。

拉马克失明之后，还照常出席科学院的研究员会议。居维叶这时仍然保留着科学院的最高职务，同时又是政府的要员。无论是居维叶，还是科学院的其他科学家，尽管他们大都不同意或者反对拉马克的进化学说，但同时却不能不承认拉马克在生物学领域所取得的成就。

1828年7月11日，又是一次科学院研究员的会议，拉马克的脸色很不好。人们不禁悄声议论开来。

从那以后，拉马克就再也没有出过门，科学院的会议上，再也没有出现过这位盲人的身影。谁也不知道，以后的岁月他是怎么度过的。

圣希雷尔曾经来过。拉马克躺在床上没有起来，他的身体已经虚弱到极点了。他和圣希雷尔谈得很多。竟然，他还回忆起了1779年，他带着小布丰游历欧洲的事情，谈到了在德国、匈牙利、荷兰等国看到的植物。甚至还提到布丰的著名论断：风格即人。这大概是拉马克和圣希雷尔最后的一次讨论。

瞧着如风前残烛的拉马克，圣希雷尔心中很难过，但也同时充满了敬意。圣希雷尔知道：伽利略、布丰，他们都曾在恶势力的压迫下，被强制写了悔过书，违心地声明放弃和《圣经》上所说的相冲突的观点。

"这是由他们所处的时代决定的，并不妨碍他们成为伟人。其实，拉马克学说的直接来源，恐怕还是发现和提携他的布丰呢！不过——"

圣希雷尔继续想到：

"拉马克毕竟从来也没有屈服过，他是公开向《圣经》宣战的！"

又过了一段时间，圣希雷尔又来看拉马克。看上去，拉马克气色要比往常好一些。看到圣希雷尔来了，柯尼利娅显得很高兴地对他说：

"您看，圣希雷尔先生，我爸爸今天的精神很好！"

圣希雷尔也很高兴，他和柯尼利娅坐在拉马克旁边，高兴地聊了起来。拉马克很认真地听，仿佛不时地发出微笑。

柯尼利娅还讲了一个小故事，圣希雷尔也认真地聆听着。

故事里说，猫和虎曾经是好朋友。

一次，虎问：

"猫！你逮老鼠是真想为人类兴利除害吗？"

猫诡诈地一笑：

"只想博取主人的欢心而已，如果能偷到一条鲜鱼，我宁愿放弃老鼠。"

虎十分惊讶。

"那么，你是真的喜欢人类，想和他们住在一起吗？"

猫忍不住笑了起来：

"傻朋友，我每天察言观色，哗众取宠，无非是希望主人多丢些大鱼大肉。"

虎大失所望，哀叹看错了朋友，从此与猫断交，跑到山里，逍遥自在地做起了万兽之王。

　　然而，猫凭借复杂的人事关系，在人类面前为虎美言了几句，人类也唯恐纵虎归山，会使天下大乱，于是委屈虎做了"猫科"里的一员。但是，虎丝毫也没有对猫表示感激之情。

　　一天，猫和虎不期而遇。猫抖了抖胡须说：

　　"虎哇，别怄气了，嫉妒我的才干恰恰证明了你的无能，还是让我们重归于好吧！"

　　虎嗤之以鼻：

　　"贱猫，你太高估自己了，我宁愿啸傲山林，自食其力，也不愿奴颜媚骨地寄人篱下，过着不劳而获被豢养的生活。"

　　虎的话鞭辟入里，入木三分。猫羞得垂下了头……

　　故事刚说完，两个人一看拉马克，见他已经睡着了。再仔细一看，原来拉马克已经是永远地睡着了。

柯尼利娅抽泣起来。

这是1829年12月8日，法国的深秋。屋子里很暗，圣希雷尔和柯尼利娅向外望去，只听到秋风萧萧，看不出是下午，还是黄昏。

墓地何处寻

1909年。

还是在巴黎蒙脱派纳斯公墓，当年圣希雷尔在拉马克墓前痛苦沉思的地方，一群人在荒草中茫然地寻找着。

这一年，正是拉马克《动物学的哲学》出版一百周年，法国为此举行了盛大的纪念会。这群人，正是参加会议的科学家与各界人士，他们热诚地想对这位进化论先驱的遗骸致敬，可是他的枯骨早已不知去向了。

人们找不到他的坟墓了。

是的。他们哪里会知道，拉马克病逝以后。女儿买不起墓地，只好租了一块墓地安葬他。墓地租期五年，到期之后，他的尸骨被挖了出来，迁到别处去了。

到墓地致敬的人们低头陷入沉思。

这一百年的时间里，人类发生了多么大的变化啊！1830年，圣希雷尔那次辩论失败之后，时光老人又蹒跚地走过了整整30年，这种关于生物进化的大辩论在人类历史的舞台上，又上演了一次，不过这次不是在法国的巴黎，而是在英国的牛津大学。当时牛津大学的报告厅人多得挤不下，只好临时把图书馆也借作会场，即使这样，走廊和窗台上还是站满了听众。

全世界的人们都知道那次辩论的结果。一些人口袋里装着石头参加辩论会，准备向达尔文的朋友，达尔文进化理论的捍卫者和宣传家赫胥黎扔去。但赫胥黎雄辩的讲演征服了人们，那些人不但没有扔石头，反而为他热烈欢呼，转眼间从进化论的反对者变成了进化论的支持者。

维护宗教教义的大主教威伯福士气得脸色煞白，一位狂热的女教徒布鲁斯特太太，当场晕倒在地。进化论取得了巨大胜利。

可惜进化论的先师拉马克没有看到这使人热血沸腾的场面。

进化论被承认之后，达尔文曾这样自述："早年听到的主张和赞美拉马克这种观点的言论，对于我在

《物种起源》一书里以不同的方式来提出这种观点，是有帮助的。"

可惜进化论的先驱拉马克没有听到这位进化论的伟大继承人和发展者诚挚公正的话语。

有一位世界伟人后来又说：拉马克和达尔文使生物科学站立起来了！

可惜进化论的先驱拉马克没有听到这公正而深刻的评价。

人们继续沉默着，寻找着。

在众多的有墓碑的坟墓中，人们找不到这位先驱的坟墓。也许，只有年年枯萎又年年泛青的野草和芦苇，只有年年花谢花开的红杜鹃，才知道这位先驱的埋骨之地。

真叫人感慨万千、遗恨无穷！

他的导师卢梭，终生郁郁而不得志，穷困交加，但他的灵魂总还能在一块小小的土地上安歇。在巴黎北边的艾赫莫农维尔林中花园的湖心小岛上，荒草丛中，人们能找到这位导师的墓和碑。不知他在九泉之下是否知道，他当年所喜欢的青年拉马克，魂归何处？

同样坎坷的巴尔扎克，被葬在拉雪兹公墓的第48区，他找到了一个可以最终躲开债主的僻静地。他对面埋着绝望自尽的诗人钱拉·德·纳尔华。无论怎样，他们总算是有一座墓和一块碑，总算是实现了巴尔扎克在他的小说《乡村医生》扉页上留的题词：

"让破碎的心在阴凉处安息吧！"

但是进化论的先驱拉马克呢？他的灵魂栖于何处？莫非对于这位先驱而言，真的像俄国诗人普布金所说的那样："凡是有幸福的地方，都已经有人看守"，他与幸福无缘了。

野草啊，芦苇！野草啊，红杜鹃！如果你们知道这位先驱的埋骨之地，你们就开口讲话吧，告诉人们，他在什么地方！好让这些后来者告慰他！

野草无言，芦苇无言，红杜鹃也无言。

谁知道先驱埋在何处呢？

一阵风吹过！野草沙沙，芦苇呜咽，人们似乎猛然看见，一个矫健的男人的身影越走越远。啊，是圣希雷尔！只有他知道先师埋在什么地方。不，圣希雷尔早就死去多年了！

1830年2月，圣希雷尔那天在暮色中从蒙脱派纳斯公墓拉马克的墓前离去之后，辩论的形势就日益对他不利了。最后，居维叶以雄辩的口才，精确的解剖学知识，击败了他。因为论证的失误，真理被埋葬了。辩论失败之后，又过了十多年，圣希雷尔就死了。

又一阵风吹过，野草沙沙，芦苇呜咽。人们仿佛又看见一个老者的身影向远方走去。啊，是达尔文！不，达尔文也已经离开人世了！

写在丰碑上的名字，总是极其有限的，而丰碑下奠基的，是无数人的奉献和牺牲。拉马克就是奉献者和牺牲者。但是他为人类留下的不朽著作，他取得的科学成就，他为创立进化论所作出的不懈努力，使他的名字永远刻在了人们的心上！

墓地里，失望的人们议论起来，声音很低，仿佛怕惊扰了什么人的安宁。人们商议决定，为这位进化论的先驱立一座铜像，地点就定在巴黎国家植物园。铜像的底座上，要镌刻着他女儿柯尼利娅的话：

"您未完成的事业，后人总会替您继续的；您取得的成就，后世也总该有人赞赏吧！爸爸！"

这时，一阵黄昏的热风吹过，野草、芦苇、红杜

鹃都一起摇曳起来，沙沙作响，仿佛是先驱者的灵魂
在歌唱。

世界五千年科技故事丛书